Callando amores

Colección *Aquí y ahora*

1. La noche y la poesía tienen algo que decir
   Andrés Castro Ríos

2. Como el caer del agua sobre el agua
   Jesús Tomé

3. Entre la inocencia y la manzana
   Alfredo Villanueva

4. Sueños de papel
   Magaly Quiñones

5. Callando amores
   Roberto Ramos Perea

6. Solo de pasión / Teoría del sueño
   José Luis Vega

7. Crimen en la calle Tetuán
   José Curet

8. Espejo de lluvia
   Carlos Noriega

9. La religión de los adúlteros
   Pedro López Adorno

10. Amantes de Dios
    Ángela López Borrero

11. Peso pluma
    Edgardo Sanabria Santaliz

12. Este ojo que me mira
    Loreina Santos Silva

Roberto Ramos-Perea

EDITORIAL DE LA UNIVERSIDAD
DE PUERTO RICO

1° de septiembre de 1996

Aquí y ahora, colección creada y supervisada
por el Dr. José Ramón de la Torre.

Primera edición, 1996

ISBN 0-8477-0263-4

Portada: José A. Peláez
Ilustración de portada: Georges Le Chevallier

Impreso en los Estados Unidos de América
Printed in the United States of America

EDITORIAL DE LA UNIVERSIDAD DE PUERTO RICO
PO Box 23322, San Juan, Puerto Rico 00931-3322
Administración: Tel. (787) 250-0550 FAX (787) 753-9116
Dpto. de Ventas: Tel. (787) 758-8345 FAX (787) 751-8785

A Esther, con mis respetos.
A Ángela, con todo mi amor.

Callando amores

Ved de cuán poco valor
son las cosas tras que andamos
y corremos,
que, en este mundo traidor,
aun primero que muramos
las perdemos;

Jorge Manrique
Coplas por la muerte de su padre

Callando Amores de Roberto Ramos-Perea se estrenó la noche del 4 de marzo de 1995 en la Sala Carlos Marichal del Centro de Bellas Artes en San Juan, Puerto Rico. La producción estuvo a cargo de Teatro El Ángel y contó con el siguiente reparto:

MADRE .... Doña Esther Mari
GINA .... Ángela Mari
MARIO .... Roberto Ramos-Perea

PERIODISTAS ..... Jorge Dieppa
Rosabel del Valle
Modesto Lacen
Roberto Martínez de la Torre
Leticia Leduc

Montaje .... Félix Díaz Vélez
Asistente .... José Brocco
Banda sonora ...... Jesús "Papillón" Garcés
Escenografía .... Félix Díaz
Utilería .... Roberto Martínez de la Torre
Maquillaje .... Carmen Ayala
Producción. .... Esther Mari y Ángela Mari
(Teatro El Ángel)

Una mesa y tres sillas. Mesa pequeña con teléfono. Un balcón.

Callando amores fue filmada en 1996 para Televisión, en un guión fílmico y dirección de José Orraca, por la Sección de Cine y Video del Ateneo Puertorriqueño.

I

En la plena oscuridad se escucha
la voz de Mario que dice:

Esta es la historia de mi país.

(Música rítmica. Luz de magnesio de una cámara fotográfica. Luego otra y otra.)

MARIO: Yo tenía 20 años cuando mi padre se jugó la vida en aquel maravilloso acto de honestidad. *(Pausa. Entra Gina y coloca algunas cosas de café sobre la mesa.)* Él era senador del Partido en el poder, cuando a sus espaldas el Gobierno realizó la venta ilegal de miles de cuerdas de terreno fértil, a un complejo de industrias químicas norteamericanas. *(Pausa. Gina sale.)* Mi padre citó a la prensa y repartió los documentos del sucio negocio. Los delató a todos, uno por uno... ese día sólo yo lo acompañé. Mi madre... *(Entra la Madre, toma una de las cucharas, la mira y luego se sienta.)*

...y mi hermano, renegaron de él. A mí, mi madre me abofeteó, y... bueno, algún tiempo después decidí hacer camino. Antes de irme, mi padre escribió en mi corazón una frase poderosa: "La tierra no se vende". *(Pausa.)* Estuve quince años sin verlos. *(Otra luz de magnesio.)*

(Gina entra, coteja todo y se sienta frente a la Madre.)

MADRE: Sólo sabes lo que vales cuando te has liberado de los hombres. Es duro, pero es así. No todos los hombres son iguales. Hay hombres canallas y hay hombres tiernos. Entre ellos está repartido el mundo.*(Pausa.)* Mi hijo te ha hecho feliz. Te dio una casa. Y tú ¿qué esperas para darle un hijo?

GINA: Espero que las cosas mejoren.

MADRE: La venta del Valle te dará toda la mejoría que quieras.

GINA: Luis sabrá qué hacer. Entonces será.

MADRE: Dos grandes cosas quiero de esta vida antes de morirme. Que algún día todo este Valle estéril sea útil para algo, y que me des un nieto con que consolarme la vejez. Quiero vida. Me gusta la vida. *(Toma café.)* Luis estaba triste cuando se despidió.

GINA: Cuando se va por mucho tiempo, se pone melodramático para que le coja pena. Luis es del club ese de los hombres tiernos.

MADRE: Sí. Es la luz de mis ojos. ¿Te acostumbras sin él?

GINA: Sabes que puedo vivir muy bien sola.

MADRE: Si tuvieras un hijo.

GINA: Lo tendré algún día.

MADRE: ¿Y qué esperas?

GINA: Ay, ya, Victoria. Está bien. Cuando Luis esté bajando del avión, me romperé la ropa delante de todos y le gritaré "¡hazme un hijo, tu madre está desesperada!".

MADRE: Bueno, pues sí. ¿Cuánto crees que me queda por vivir, muchacha?

GINA: Pero eso culpa mía no es.

MADRE: Si retrasas mi deseo de un nieto, me pondré amarga y seca. Tendré que conformarme con mi otro deseo: vender el Valle. Así, con ese dinero, podré hacer todo lo que nunca hice.

GINA: Ya me los has dicho. Te gusta repetir.

MADRE: Uno repite para reafirmarse.

GINA: ¿Y qué pasa cuando se repiten los errores?

MADRE: No hay error aquí. Este negocio del Valle saldrá muy bien, verás que sí. Esta oportunidad no pudo venir en mejor momento. Y justo ahora que no tengo hombre que me mande.

GINA: A tí no hay quien te mande, mujer.

MADRE: Él nunca quiso hacer nada con esto. Era un estúpido. Los hombres cuando envejecen se vuelven estúpidos.

GINA: Lo tomaré muy en cuenta.

MADRE: Después del placer de la juventud se vuelven sordos y egoístas. Se enroscan en sus asuntos.

GINA: Yo no me meto en los asuntos de Luis.

MADRE: Bueno, pero tú no tienes cabeza para nada. Tú perdona, pero es así.

GINA: *(Para sí.)* Claro, pero sí tengo un buen vientre para tu nieto.

MADRE: *(Sin oírla)* Por fin un hombre de esta casa pondrá las cosas en su lugar y ese es tu marido. Mi hijo. Mi querido hijo. Esa felicidad, jovencita, sólo se paga con un bebito saludable y hermoso. ¿Terminaste?

GINA: Sí.

MADRE: Te toca fregar.

GINA: Ah, ¿sí?

MADRE: Estamos solas ahora.

GINA: Cuando Luis está friegas tú.

MADRE: Por eso te toca a ti. *(Gina sale recogiendo las cosas. Madre enciende un cigarrillo y fuma apaciblemente.)* Me gusta la vida. *(Se escuchan tres toques fuertes en una puerta. Gina entra.)* No abras si no sabes.

GINA: *(Sale a mirar y luego entra.)* Es un señor de barba y pelo largo. *(Nuevos toques, a la señal de la Madre, Gina sale otra vez.)* Voy. *(Entra y tras ella Mario, con una pequeña bolsa de marino. Desaliñado y cansado.)*

MADRE: ¿Quién es usted?

MARIO: ¿No me conoces?

MADRE: *(Lo mira un instante. Luego se asusta y ahoga el nombre. Luego lo abraza con fuerza. Le pasa la mano por la cara, le quita la bolsa de viaje.)* Dame eso. Siéntate. Dios mío...

MARIO: Te ves muy bien, mamá.

MADRE: Y tú terrible, mira esas barbas. Ese pelo. Mira esa ropa, Santo Cristo, y estás muy grueso y desaliñado... ¿de dónde vienes, muchacho? ¿Dónde estuviste todo este tiempo? ¿Por qué...

MARIO: Sin preguntas, mamá.

MADRE: ¿Cómo que sin preguntas? ¿Por qué nos hiciste eso, maldito muchacho? ¿Cuánto hace que no te veo la cara?

MARIO: Quince años.

MADRE: ¡Quince años! Y lo dices así, como si fueran quince minutos. Y una sufriendo todo este tiempo porque no sabe de ti.

MARIO: Mamá, no dañes este momento con reproches viejos. Dame un poco de tiempo para mirarlo todo.

MADRE:¿Pero es que te olvidaste que tu madre te adoraba?

MARIO: No. Pero esa adoración tuya siempre fue una letanía triste y no quiero recordarla ahora.

MADRE: ¿Sabes lo de tu padre?

MARIO: Sí. Por eso he venido.

MADRE: ¿Cómo te enteraste?

GINA: ¿Quiere algo?¿Puedo ofrecerle al...

MARIO: ¿Quién eres tú?

GINA: Gina. Soy la esposa de... ¿su hermano?

MADRE: Sí, Gina. Este es mi hijo menor. Mario. Mario el perdido... el hijo perdido. Mírate, muchacho.

MARIO: Eres muy hermosa, Gina. Un cafecito estará bien. *(Gina le sirve. El la mira muy fijo.)* Caramba. Mi hermano Luis siempre supo sacar las mejores cosas de la vida. ¿Y dónde está ese canalla?

GINA: Hoy mismo ha salido a Estados Unidos a ...

MADRE: Cosas de su trabajo. Está tan ocupado.

MARIO: ¿Y está bien?

MADRE: Muy distinto a ti. Tú estás feo, gordo, descuidado. No pareces hijo mío.

MARIO: Aun con todo lo que puedas decirme, mamá, soy tu hijo y aquí estoy.

MADRE: ¡Quince años, Gina!

MARIO: Recibieron mis postales.

MADRE: ¡Dos postales sin dirección en todos estos años! "Estoy bien, no se preocupen por mí". Claro, era la única forma de saber que no estabas muerto. Jesús, quita...

GINA: Nunca me dijiste que Luis tenía un hermano.

MADRE: Nunca lo preguntaste, querida.

MARIO: Así eres tú. No hay información si no hay pregunta.

GINA: Ni siquiera una foto.

MARIO: Mamá las quemó.

MADRE: *(Pausa.)* Están guardadas.

GINA: Vaya. Qué manera más absurda de enterarse de que la familia es más grande de lo que uno pensaba. *(Con algo de confianza.)* Algo malo debes haber hecho para haberte desaparecido así.

MARIO: ¿Hay que ser malo para desaparecerse? *(La mira con gran ternura.)* Te juro que no soy malo. *(Gina lo mira asombrada.)* ¿Me acusas de algo? Si es así, tu mirada me quita cualquier culpa.

GINA: *(Turbada.)* Sólo quería saber...

MADRE: Mario no quiere que le preguntemos, querida.

MARIO: *(Mira a la Madre.)* Supongo que si no sabía de mí, menos sabrá de lo otro.

MADRE: Gina y Luis se han casado hace muy poco.

MARIO: ¿Cuántos años tienes, Gina?

GINA: *(Suave.)* Veintiséis.

MARIO: Hay maneras muy absurdas de hacer callar la memoria y en esta casa se practicaron todas.

MADRE: Dijiste que no querías hablar de recuerdos.

MARIO: Sólo quiero que vea que no soy un fantasma salido de una vieja tumba. *(Le toma la mano. Gina lo mira intensamente como descubriéndolo.)* Mira, tócame, tengo sangre caliente y mucha memoria que compartir con quien la sepa apreciar. *(La toca. Ella pone la mano sobre la de él.)* Y tu sangre corre tan rápido, que la mía parece muerta. *(Mira a la Madre.)* Te propongo utilizar la palabra "familia" de nuevo.

MADRE: Nunca dejé de usarla.

GINA: Perdónenme, no quise... quiero decir, no sé lo que pasa entre ustedes. No quiero ser yo quien...

MADRE: Ya. Y tú, ya que no quieres contarme nada, por lo menos déjame mirarte. Déjame buscar en esos ojos tan tristes, a mi niñito de antes.

MARIO: Aquí está, es el mismo, mamá. Algo viejo y solo, pero el mismo. El mismo de antes.¿Me considero entonces "bienvenido"?

MADRE: Esta también fue tu casa.

MARIO: Me alegro. Me alegro mucho.*(Podrían abrazarse.)*

II

(Música.)

GINA: Mira, yo no creo en esas cosas, pero me asustan. Digo, debo creer algo si me asustan. Pero he visto mucho mundo y sé que lo que una no puede explicarse es mejor temerle. Yo le creí su historia. La del fantasma. No me arrepiento. *(Pausa.)* ¿Mis lealtades? Yo no tengo lealtades. *(Luz de magnesio.)*

(Ante la noche...)

MARIO: ¿En qué trabaja Luis?

GINA: Es abogado.

MARIO: Terminó su carrera, a pesar de todo. ¿Y tú?

GINA: Trabajo con el Alcalde.

MARIO: Ah, eres burócrata.

GINA: No, soy una de una docena de asistentes. ¿Y tú dónde estuviste todo este tiempo?

MARIO: Viajando. Por España.

GINA: No entiendo por qué Luis nunca te mencionó.

MARIO: ¿Cuánto llevas de casada con él?

GINA: Tres meses.

MARIO: Entonces estabas aquí cuando papá murió. ¿Cómo fue?

GINA: Triste. Como todas las muertes.

MARIO: La muerte no es triste.

GINA: ¿Ah, no? Alguien que se va, que no verás nunca más, eso siempre es triste.

MARIO: ¿Quién te dijo que no lo verás nunca más?

GINA: ¿Eres espiritista?

MARIO: Sobre esas cosas... soy optimista. ¿Qué pasó después?

GINA: Tu madre no quiso quedarse sola y manipula a tu hermano para que vivamos con ella. Luis viaja mucho, así que ya ves. Luis en sus negocios, tu madre en sus sueños y yo... de la Alcaldía a aquí. Me aburro mucho, te lo juro.

MARIO: Y papá, ¿dejó algún testamento?

GINA: Por eso viniste.

MARIO: Contéstame.

GINA: Luis es quien se ocupa de esas cosas.

MARIO: Luis se ha ocupado de todo, por lo que veo.

GINA: Es abogado. Sabe lo que hay que hacer. ¿Y tú, cómo te enteraste?

MARIO: Por los obituarios.

GINA: No salen obituarios de aquí en España.

MARIO: ¿Qué decidieron sobre el Valle?

GINA: No lo sé, te dije que es Luis el que...

MARIO: Sí, ya. Luis, mi querido hermano Luis.

GINA: Vaya...*(Mirándolo fijamente.)* Esos ojos llenos de amargura. *(Pausa.)* Perdóname.

MARIO: Sigues buscándome los ojos, como esta tarde durante la cena. No has dejado de mirarme desde que llegué.

GINA: Si te miro tanto... es porque te reconozco.

MARIO: ¿De veras? ¿Y en qué nos parecemos?

GINA: No lo sé todavía.

MARIO: ¿Qué quieres saber?

GINA: ¿Qué te hicieron?

MARIO: *(Pausa.)* El hijo irresponsable al que todos imaginan en la perdición, luego de morir su padre regresa a reclamar lo suyo. Es una historia tan conocida. Como la letra de un bolero. Como el final de una noveleta mediocre. Bah... la literatura está llena de historias como esta. Uno las lee, se mofa, y de pronto se encuentra uno en medio de ellas, tan predecibles, tan acechantes.

GINA: Entonces eres tú el escritor. *(Pausa.)* Tu padre lo dijo antes de morir. Dijo, "Díganle al escritor que no me olvide".

MARIO: ¿Dijo eso?

GINA: Yo pensé que se refería a uno de sus amigos, pero era a ti... Eres tú el escritor, ¿verdad?

MARIO: Lo era.

GINA: Vamos.

MARIO: Dejas de serlo cuando ya has averiguado todos los finales posibles.

GINA: No entiendo.

MARIO: El final de mi viaje aquí, ya lo sé.

GINA: A ver, dímelo. A mi no me gustan las sorpresas.

MARIO: ¿Y a quién le importa que sepamos el final? Dime tú. ¿Quién puede sorprenderse aún de la miseria, del crimen, del parricidio, del asesinato? ¿Quién que sea hombre puede exclamar con horror "Dios mío, ¿cómo es posible?", si todo es posible ya?

GINA: Todavía quedan muchas cosas por descubrir.

MARIO: ¡Qué va, muchacha! Todo lo hemos hecho, a todo hemos llegado, todo lo hemos conocido y lo peor es que todo lo hemos justificado. Ante esto, querida mía, la literatura se convierte en un vicio sin sentido, en la constante y aburrida repetición de una... pervertida frivolidad. *(Pausa.)* Por eso dije que "era" escritor.

GINA: No entiendo nada.

MARIO: Yo tampoco. *(Sonríen.)*

GINA: ¿Qué viniste a buscar?

MARIO: Ya lo sabes.

GINA: No, no hablo de dinero, hablo de ese otro asunto que viene detrás de ti como una sombra. Dime. *(Mario sonríe y va a salir, ella lo detiene.)* Anda, dime.

MARIO: Sólo quiero que las cosas se queden como están, eso es todo. A mi tampoco me gustan las sorpresas. *(Pausa.)* Tienes unos ojos muy hermosos, chiquita, y esos labios dan ganas de besar.

GINA: Eso dice Luis.

MARIO: Luis no vive lo que dice.

GINA: No me has contestado.

MARIO: Contéstame tú antes a mí. ¿Qué negocios fue a hacer Luis en Estados Unidos?

GINA: Pregúntale a tu madre.

MARIO: No. Tú lo sabes también. Dímelo.

GINA: No veo razón para que no lo sepas, pero me imagino que ellos..

MARIO: *(Con un poco de violencia.)* Gina, dime...

GINA: Está bien. Con calma. *(Pausa.)* Un grupo de farmacéuticas quiere comprar el Valle. Toda nuestra parte y parte de las tierras del Municipio. Todo, desde la quebrada hasta los cerros.

MARIO: *(Muy suave.)* ¡Cristo!

GINA: Será bueno para este pueblo. Hay mucha gente sin trabajo, no sé más. No pregunto sobre los negocios de tu familia. *(Ante el súbito silencio de Mario.)* Ahora habla tú.

MARIO: Otra vez. Dios mío, ¿es que no te cansas de repetirte? *(Va a salir.)*

GINA: Espera. ¿Qué te pasa?¿Por qué estás tan asustado?

MARIO: Nada. Que Dios también tiene sus manías. Pero tú me protegerás, ¿verdad? *(La besa en los labios dulcemente. Ella se se resiste un poco.)*

GINA: ¿Por qué me besas?

MARIO: Tú me lo has pedido. *(Sale)*

(Música.)

III

(Gina, con los implementos necesarios, se realiza una prueba de embarazo casera. Mira muy bien los frasquitos. Preocupación. Seria preocupación.)

IV

(Asuntos del desayuno.)

MADRE: ¿Qué más le contaste?

GINA: Sólo lo que te dije.

MADRE: ¿Y qué te dijo él?

GINA: Eso de España.*(Pausa.)* Déjame decirte, que es mucho más guapo que Luis.

MADRE: Para mí los dos son hermosos. Si Mario se quitara todo ese pelo, si rebajara por lo menos cuarenta libras, verías que es la viva imagen de su padre. ¡Qué mal se ve, señor! Pobre muchacho. *(Pausa.)* No le preguntes más. No se ve bien que estemos urgando en su vida.

GINA: Es increíble. *(Pausa.)* Cuando un hombre llega de tan lejos, es como si el mundo volviera a armarse. ¿No te hace ilusión tener a tu hijo aquí de nuevo? ¿No sientes unas ganas inmensas de saber sus cosas?

MADRE: Por supuesto, mija. Soy madre; y tú no puedes explicártelo porque no lo eres. Pero precisamente porque me queman esas ganas de saber, es mejor no preguntar. *(Pausa.)* Hablaron hasta muy tarde ustedes. ¿Ya se levantó?

MARIO: *(Entrando.)* Sí, desde las seis. He visto la neblina deslizarse suavemente por los cerros como una cascada de algodón.

GINA: Qué hermoso lo has dicho.

MADRE: ¿Te dijo que escribía versos?

GINA: *(Mirándolo mientras le sirve.)* Sí.

MADRE: A su padre le encantaban.

MARIO: Quien lo hereda, no lo hurta.

MADRE: Dice Gina que estuviste por España. Yo estuve de vacaciones con Luis allá por el 88.

MARIO: Estuve en Segovia ese año.

MADRE: En una de tus postales dijiste que estudiarías. ¿Terminaste alguna carrera?

MARIO: No. Y ser poeta no es un título muy honorable en estos tiempos.

MADRE: ¿Y de qué vivías?

MARIO: De algunas mujeres ricas. *(Sonríe. Busca y halla la mirada cómplice de Gina.)*

MADRE: ¿No me habrás dejado algún nieto por ahí, verdad?

MARIO: Tal vez un negrito.

MADRE: Mario...

MARIO: Tuve una novia negra. Alta, esbelta, africana, de profundos ojos negros y labios dulces y carnosos. Era una mujer maravillosa... y muy tierna. La virtud más hermosa de una mujer es la ternura.

MADRE: Y la inteligencia. ¿No crees?

MARIO: Sí, también. Pero la inteligencia carga siempre la amargura de la ironía. La ternura siempre lleva el saborcito dulce del amor.

MADRE: Hoy estás de buen ánimo, ¿eh?

GINA: Cuéntanos más. Dale..

MARIO: La vida tiene sus días de rabia y en uno de esos me separó de ella. *(Suave.)* Nunca había amado a nadie así. *(Mirando a la Madre.)* Es curioso, mamá, que el amor verdadero se descubre... cuando ya no se tiene.

GINA: ¿Cómo se llamaba?

MARIO: *(Sonríe. Después de una pausa.)* ¿Qué importa ya?

MADRE: Dice Gina que te enteraste por los obituarios.

MARIO: Gina te lo ha dicho todo.

GINA: No era justo que yo supiera algunas cosas y ella no.

MARIO: Reciben periódicos de aquí en una Biblioteca de Madrid. Además, ya lo esperaba.

MADRE: Nadie fue a su entierro.

MARIO: A un hombre como mi padre nadie quiere llorarlo.

MADRE: Yo sé cuánto lo querías.

MARIO: No era cariño simplemente. Escuchar hablar a mi padre era como... como recibir respuesta a una oración.

GINA: *(Muy suave, casi para ella.)* Dios mío.

MARIO: Papá era el hombre más honesto que pisó esta tierra y con eso me lleno la boca. Llega un breve momento de cinismo –a los veinte años sobre todo– en que uno disfruta no creyendo en nada. Pero yo creía en papá.

MADRE: Lo querías tanto que me ignorabas a mí. Trae más café, Gina. *(Gina sale.)*

MARIO: Y luego tenía que venir toda aquella historia.

MADRE: Es agua pasada, hijo querido.

MARIO: *(Pausa. Gina entra, sirve Café.)* ¿Agua pasada? *(Se siente el recelo, como viento seco.)* No sé.

MADRE: *(Muy seria.)* Dime Mario, ¿por qué has venido?

MARIO: ¿No prefieres esperar un poco más? Deja que me acostumbre un poco a la casa, a tí, a Gina. Tal vez si Luis...

MADRE: Puedes hablar conmigo. No le des más vueltas.

MARIO: Bueno... *(A Gina.)* Siéntate, por favor. *(Lo hace.)* Esto que voy a contarte es absolutamente cierto, mamá. Y no me hagas muecas. Sabes cómo las odio.

MADRE: Habla ya.

MARIO: Tras leer el obituario me fui a mi casa. Me acosté y al cabo de unos minutos entré en un sopor intenso. Sudaba mucho. De pronto sentí ese golpe de viento en la cara y cuando abrí los ojos ahí estaba él. ¡No te burles! Dijiste que me escucharías.

MADRE: Por Cristo, Mario. Estoy escuchando sandeces.

MARIO: Papá estaba allí mirándome. Haciéndome señas. Me decía palabras que no podía entender bien. Me dijo tu nombre, me habló de la venta del Valle, del dinero... *(La Madre se levanta.)* Me dijo que no te permitiera venderlo aunque eso significase de nuevo... lo peor entre tú y yo. Querida vieja de mi alma, yo...

MADRE: *(Sin mirarlo.)* ¡No me llames así! Fuiste tú el que se fue. Pudimos arreglar esto como una familia unida, aceptar su error y tú callarte la boca, pero no. El idealista, el guerrillero, el militante... tenía que escoger el camino del hijo mártir. ¿Cuánto tuve yo que pagar por tu idiotez? *(A Gina.)* ¡Sal de aquí! *(Gina se levanta sin saber qué hacer.)*

MARIO: Te perderás lo mejor.

MADRE: He dicho que te vayas.

GINA: Yo también soy de esta familia.

MADRE: No por mi gusto. ¡Vete! *(Gina se sienta de nuevo.)*

MARIO: Mírame a los ojos, mamá. Anda, dime todo eso mirándome a la cara.

MADRE: Nos pudimos haber salvado todos con un poco de sentido común.

MARIO: Nos hubiéramos salvado todos, ¡todos!, menos papá.

MADRE: Lo apoyaste en el más grande error de su vida.

MARIO: ¡Qué fácil condenarlo ahora!

MADRE: ¡Yo sólo quería protegerlos! Protegerlos de ser los hijos de un perdedor.

MARIO: Y aún después de muerto sigue perdiendo. ¿No lo oyes? Es una frase desabrida, vieja, hueca, retórica... como las grandes palabras de los políticos: "La tierra no se vende". Sí, una verdad tan rancia que de tanto repertirla se vuelve falsa. "La tierra no...

MADRE: ¡Esta tierra producirá dinero y trabajo!

MARIO: Y olvido.

MADRE: ¡La gente necesita comer, quiere trabajar!

MARIO: ¡Pues no a costa mía! ¡Esta también es mi tierra! *(Pausa.)* Parece mentira que sea yo quien te recuerde el estribillo.

MADRE: ¡Quince años! Día por día, estuve oyéndolo de su boca. Un día me dije, "cuando éste se muera, lo primero que haré será vender todo este maldito Valle estéril". Pero tu padre tardó años en morirse, sin contar los meses de enfermedades y manías. Y mientras tú andabas con negras por el mundo, yo estaba aquí, bajo su techo, cuidándolo.

MARIO: Odiándolo.

MADRE: ¡Qué más da cómo! Una termina por acostumbrarse. Pero ya murió y no tengo que cargar su luto como una mancha. *(Pausa.)* Dios bendito, hijo querido, ¿alguna vez pensaste en mí? En mis largos años de bondad y desapego, ¿vine yo a tu mente con algún recuerdo dulce? Hijo, mírame ahora tú. A los ojos, valiente, con tu corazón en la mano. Dime, ¿merece la pena que hayamos sufrido tanto?

MARIO: *(Molesto consigo mismo.)* ¡Esta historia está mal! Mis años contra los tuyos. Se supone que sea yo el que piense en el presente, soy joven, se supone que sea ambicioso, avaro, interesado... ¡Soy yo el joven! ¡Se supone que sea yo quien quiera vender y tú quien deba proteger! ¿Dónde fue el cambio, mamá? *(Grita.)* ¿Dónde?

GINA: Cálmate un poco, siéntate.

MARIO: Dios mío, ¿cómo puede ser tan idiota este nuevo romanticismo?

MADRE: Hijo, hijo de mi alma.

MARIO: ¿Pero cómo puedo creerte después de todo lo que sé, después de todo lo que ví?

MADRE: Me crees.... por una sencilla razón. Porque soy tu madre. *(Mario reacciona violento. Pausa. Decidida.)* Está bien. Si viniste por tu parte, hablaremos con Luis cuando regrese. Te doy el dinero y te regresas a España.

MARIO: No.

MADRE: He dicho.

MARIO: ¿Pero es que había una parte para mí?

MADRE: Supongo que sí.

MARIO: ¿Y cómo iban a encontrarme?

MADRE: Tú nos encontrarías a nosotros.

MARIO: Y todo se resolvería calladamente. Luis sabe de papeles, tiene amigos que se venden barato. Un arreglo aquí y otro allá y de un plumazo Mario el desaparecido queda fuera de la familia. Luis se quitaría el apellido de papá y dejaría sólo el tuyo.

GINA: ¡Luis no haría eso!

MARIO: Vamos, chiquita. Tú no sabes cuán servil puede llegar a ser tu marido. Todo volvería a ese silencio donde nada se compromete, donde la vida tolera y es amable. Un hogar donde el pasado se congela como la sonrisa de una postal.

MADRE: Aquí el único estancado eres tú. Viajaste demasiado y olvidaste la cuna. Ahora regresas, más por rencorosa nostalgia que por honestidad. Tú no te amas a ti mismo. Por eso volviste.

MARIO: ¡Reproches, reproches! ¿Es que no puedes demostrar tu rencor de otra manera, mamá? *(Pausa.)* Bien, terminemos. No vas a vender el Valle.

MADRE: Eso no lo decidirás tú.

MARIO: *(La mira muy fijo.)* He dicho. *(Gina se levanta.)*

MADRE: Mario, hijo, no me faltes.

MARIO: Enséñame el testamento.

MADRE: No hay.

MARIO: Entonces me toca la mitad de dos terceras partes. Es la ley.

MADRE: Te dije que te los daba.

MARIO: La mitad de dos terceras partes ¡de una decisión!, que ya tú y Luis tomaron por mí.

MADRE: *(Ya sin paciencia.)* ¡Nadie te quitó nada, imbécil!

Pero no voy a permitirte que tú arruines mi vida como tu padre lo hizo. No, Mario, no. Una sola vez me bastó. Dios no puede ser tan malo conmigo.

(Sale. Mario enciende un cigarrillo, nervioso.)

GINA: ¿Tanto se odian ustedes? *(Pausa.)* Mario... *(Mario deja escapar una ligera congoja, como si quisiera evitar llorar. Gina lo acaricia.)*

(Música.)

IV

MADRE: Cuando mi esposo hizo lo que hizo, a mí me pareció un acto de... ¿cómo decirlo?, de desesperación. A veces tanta presunción de honestidad no es más que la máscara de una inadmisible cobardía. *(Luz de magnesio.)* ¿Que por qué uso la palabra "presunción"? Por favor, no piense usted que él no sabía lo que hacía; es que de todas maneras hubo mucha confusión en su corazón y también algo de orgullo... ¡Ser el protagonista! ¿Qué político no daría su alma por eso? Pero ya... mi amor lo ha perdonado. *(Otra.)*

(Entra Gina.)

Has estado muy bien. Le dijiste todo. Todo lo de la venta. ¿Qué más te queda por contarle?*(Gina inicia mutis.)* ¿Qué más?

GINA: La verdad es que no lo habían tomado en cuenta. No está en ningún documento legal. ¿Qué iban a hacer cuando volviera? Tú y Luis se repartirían su parte como si...

MADRE: Gina, hay cosas que tú no entenderías.

GINA: ¿Pero qué tengo que entender? ¿Que hay gentes que no importan? ¿Que un hijo puede olvidarse porque un buen día ya no nos apoyó en nuestros pequeños egoísmos?

MADRE: ¡Pequeños egoísmos! ¿Quién te crees que eres para hablarme así?

GINA: Soy la mujer de tu hijo.

MADRE: No eres nadie, Gina. Entraste en esta familia porque tienes una cara muy linda y al tonto de Luis le gustaron tus piernas. ¿Crees que eso te da derecho a juzgar todo nuestro pasado? *(Pausa. Se le acerca.)* Mira, mantente callada. No digas nada, será mejor. Cuando nos veas discutiendo, vete a tu cuarto. Son asuntos muy viejos, muy feos. Yo te quiero mucho, así que hazme caso, ¿sí? Mario se irá en uno o dos días y ya no habrá más problemas. Anda, ahora vete y no le hables a menos que no sea necesario. *(Gina respira hondo, se da vuelta para salir.)*

GINA: ¿Cuánto nos hubiera tocado entonces?

MADRE: ¿Cómo?

GINA: Sin él, ¿cuánto nos tocaba a Luis y a mí?

MADRE: Más, mucho más.

GINA: *(Dura.)* ¿Cuánto más?

MADRE: Sólo Luis sabe cuánto.

GINA: O sea, que Luis también sabe que Mario no contaba en esto.

MADRE: Gina, no sabíamos nada de él.

GINA: ¡Recibieron dos postales!

MADRE: El nunca dijo...

GINA: ¡Es su hermano, Santo Dios! Es un pobre hombre que apenas tiene una muda de ropa y un par de botas.

MADRE: Él no quiere ropa ni botas... ¡Quiere fastidiarnos! A mí, a Luis, a ti.

GINA: ¿A mí por qué? Yo no tengo nada que ver. Es tu tierra. Hablas con tanta autoridad sobre ella que ya ni de Luis parece. ¡Pero ya ni tú oyes tu maldita voz!

MADRE: Tanto cambias en tan poco.

GINA: Así soy. Tú me conoces.

MADRE: Claro, tú también tienes un pasado feo. La chica irresponsable e inculta que una noche se emborracha, o se endroga más bien...

GINA: Basta, Victoria. Sácame de tu letanía de reproches.

MADRE: ...y se le mete por los pantalones a mi hijo y lo enamora.

GINA: Claro, el pobre se quedó quietecito mientras yo lo tocaba.

MADRE: La borracha, la hija de ricos que había probado todas las camas de los altos señoritos de nuestra capital.

GINA: Vamos, eso. Humilla mi falta de lealtad. Es tu estrategia.

MADRE: ¿Qué te dijo Mario? ¿Qué palabras bonitas encadenó para descubrir a la descalabrada mocosa detrás de esa hipócrita careta de señora de bien?

GINA: ¡Que exacta me parece la maldad! Tienes suerte. No hay máscaras. Todo estuvo donde siempre debió estar.

MADRE: Luis te salva de una vida inútil y tú en agradecimiento cuestionas todo lo que hacemos. Ya lo enteraré yo. ¡Si sólo supiera a dónde puedo llamarlo!

GINA: *(Suave, con una imperceptible sonrisa de satisfacción.)* Ya Mario sabe todo lo que pasa aquí.

MADRE: ¡Gracias a tí!

GINA: Y va derecho como una flecha al blanco.

MADRE: Hasta que Luis llame. Poco me importa si quieres seguir siendo la honorable señora de mi hijo, o la aristócrata putita que se enamora de todo lo que desea. *(Va a salir.)* Claro... a ti qué más te da dejar de ser quien eres. *(Sale.)*

(Música.)

V

(Música. Tal vez, muy por lo bajo, algún viejo bolero cantado por una melosa voz femenina y sensual. Como en otro mundo, la Madre, quien fuma apaciblemente, mira viejas fotos en el álbum familiar. Es noche calurosa. Gina en el balcón bebe, mientras se abanica a la luz de la luna.)

MARIO: *(Recita.)* "Recuerde el alma dormida
avive el seso y despierte
contemplando
cómo se pasa la vida,
cómo se viene la muerte,
tan callando..."

GINA: Claro, a mí qué más me da. Vamos, sal de ahí.

MARIO: *(Va hasta ella.)*
"¡Cuán presto se va el placer!
Cómo, después de acordado,
da dolor;
cómo a nuestro parecer
cualquiera tiempo pasado
fue mejor."

GINA: ¿Oíste cómo me llamó? La aristócrata putita. Es cierto, no me quejo. *(Bebe.)* Tal vez en todo ese tiempo de "puterío" aprendí algo muy importante.

MARIO: "Nuestras vidas son los ríos
que van a dar a la mar, que es el morir".

GINA: ... ya sé cuándo los hombres me dicen la verdad. ¡Qué cruel es entregar tanto amor del bueno para recibir una certeza tan miserable!

MARIO: "Este mundo es el camino
para el otro, que es morada sin pesar."

GINA: Ya. Me hieren esos versos. Anda, bebe conmigo.

MARIO: *(Pausa.)* No bebo. ¿Crees que estoy diciendo la verdad?

GINA: ¿Sobre qué?

MARIO: Sobre lo del fantasma de papá.

GINA: Es lo único que te he creído.

MARIO: Pues entonces es cierto.

GINA: Y para colmo... el alma es inmortal.

MARIO: Sí, creo que sí.

GINA: ¿Crees en la otra vida?

MARIO: Claro. Es en esta en la que no creo. *(Gina lo mira muy seria y de pronto hace crecer una carcajadita graciosa.)* ¿De qué te ríes?

GINA: ¡Qué tonto eres!

MARIO: "Qué se hizo el rey Don Juan?
Los infantes de Aragón
¿qué se hicieron?
¿qué fue de tanto galán,
qué de tanta invención
como trajeron?"

GINA: Ya, cállate. *(Ríe.)* No, sigue. Haz lo que quieras. Estoy borracha.

MARIO: Eso no se ve bien en una mujer como tú.

GINA: *(Lo abraza.)* ¿Y qué se ve bien en una putita aristócrata como yo?

MARIO: *(Sin soltarse.)* Eres la mujer de mi hermano.

GINA: Ah, sí... se me olvidaba ese pequeñito detalle. *(Se suelta, bebe.)* ¿Por qué no quieres que se venda el Valle?

MARIO: La tierra no se vende.

GINA: Sí, ya, tú también te repites. ¿Pero lo has visto bien? ¿Estaba así quince años atrás? Míralo, está seco, esta parte... es que estamos demasiado al sur. No crece nada. Es tierra dura.

MARIO: Podría ser pura roca y pensaría lo mismo.

GINA: En el pueblo hay familias enteras que llevan años sin trabajar. Dependen de ayudas federales; les alimentan la vagancia y así el aburrimiento les parece algo útil. A esta zona no viene una empresa nueva desde que cerró la empacadora hace más de diez años. La gente se pierde, los jóvenes se van. Este pueblo parece... eso, un fantasma. Una fábrica sería algo vivo.

MARIO: ¿Crees que razonas mejor cuando bebes?

GINA: ¿Para qué sirve la tierra si no puede dar vida y trabajo?

MARIO: Que busquen otra. Esta es la que me da vida a mí.

GINA: Te podrías comprar una camisa nueva. Podrías ir a buscar a tu novia africana. *(Le acarica le pecho insinuante.)* Anda dime, ¿cómo se llamaba?

MARIO: Debes irte a dormir.

GINA: Cuéntame, ¿cómo es eso de amar de veras?

MARIO: ¿No lo sabes tú?

GINA: No... Yo no quiero a tu hermano. Ups. Lo siento. Se me zafó. *(Pausa.)* Pero es la verdad. No lo quiero y nunca lo he querido para nada.

MARIO: Lo primero que hay que hacer para amar de verdad, es amarse a uno mismo. *(Mutis.)*

GINA: *(Intensa. Mario se detiene.)* Una se pasa la vida callando amores viejos. ¡Las mujeres no hacemos otra cosa! Callar amores como guardar secretos. ¡Y también aprendí a callar odios! Porque son tan grandes que no podría soportar hablarlos. ¿Qué más me da ahora todo? Todo este remolino es tu culpa. Tu maldita culpa. Ese orgullo tan grande que te crece y me aplasta. Ese amor propio tan ciego... "esta es mi tierra y qué. ¡Qué me importa la felicidad de estas gentes! ¡Esta tierra es mía!" *(Pausa.)* Como los carnosos labios de tu amante africana. Tuyos... como este Valle estéril. ¿Qué tentador orgullo es ese, hippie hambriento? ¿Por qué me lleva sin remedio hasta el negro... pero dulce fondo de mi misma? *(Mario le acaricia la cara con una sonrisa extraña, como si acabase de conquistar su alma.)* ¡Qué maravilloso cómplice te ha conseguido la suerte! *(Se besan. La Madre pasa, los ve. Mario la ve también y entonces hace evidente el beso, como un reto vulgar.)*

VI

MARIO: "La tierra no se vende", gritó. *(Luz de magnesio.)* Y dando un puño sobre la mesa, juró por su Dios que nunca permitiría que ninguno de los suyos vendiera ni una sola pulgada del sagrado suelo de la patria. Y yo estaba allí con él... y con toda la fuerza de mi corazón, juré también. *(Otras.)*

MADRE: *(Al teléfono.)* ¿Cómo va el negocio? ¿Qué informes? Todo está muy claro. Por Dios santísimo, hijo, ¡cuánta desconfianza tienen esos americanos! *(Pausa.)* Mario no quiere irse. Tengo que contarte muchas cosas. Y tu mujer...

MARIO: *(Entrando.)* Quiero hablar con él.

MADRE: Él no quiere hablar contigo.

MARIO: *(Le quita el teléfono bruscamente.)* Ahórrate los cumplidos y las sorpresas, hermanito de mi alma. Así están las cosas: sin mi permiso no hay venta y no lo tienes. Si lo haces por encima de mí, no respondo de lo que vendrá. No, no sé nada de esas leyes ni me interesan. Tampoco tengo abogado. Sólo quiero decirte; ¡escucha! Luis, escucha, por favor Luis...*(Molesto.)* ¡Escúcha ambicioso de mierda, ¿es que no recuerdas nada?! La vieja frase que decía papá cuando la incertidumbre amenazaba? "La tierra no se vende". ¿La recuerdas, imbécil? *(Se golpea la frente con ira.)* ¡Grabada en la frente a sangre fría!... No sé lo que haces, ni me importa, pero te juro que ni tú ni mamá... ¿es que no tienes dignidad? ¿Es que no recuerdas nada, estúpido?

MADRE: ¡Mario!

MARIO: No, no me iré y mi vida no te importa. No venderás el Valle. Tendrás que bajar acá y decírmelo en la cara si es que te queda algo de hombría. ¿Tu mujer? *(Pausa.)* Tú ya no tienes mujer. *(A la Madre.)* Toma, ya no lo escucho. *(Sale.)*

MADRE: No puedo hacer que se vaya. No, no sé dónde estuvo. Dijo que en España, en Madrid tal vez. No quiere hablar nada de su vida. ¡Sabe Dios en qué cosas anduvo. ¿Cuándo regresas, hijo? ¿Tanto? Bueno, pero estará el negocio cerrado entonces, ¿verdad? Gina, no sé... Gina... ¿Por qué no la llamas en la noche? Ahora está en la Alcaldía. Bueno, pues date prisa. Te extraño mucho, hijo querido. Dios te bendiga... trataré, adiós.*(Cuelga.)* ¡Mario! *(Entra de nuevo con alguna fruta a medio comer.)* ¿No me has herido ya bastante?

MARIO: ¿No me has herido tú bastante?

MADRE: Al menos deberías decirme lo que harás.

MARIO: No lo sé.*(Sonríe.)* Tal vez construya un castillo justo en medio del Valle. Eso. Un castillo con un gran casino, una barra, un prostíbulo, algo apestoso y sucio que nos recuerde lo podridos que estamos.

MADRE: ¿Sabes cuántas familias podrían salir de la miseria si esa fábrica se construye allí?

MARIO: Ya conozco la perorata. Gina también me la recitó. Pueblo pequeño, miseria grande. ¿Qué culpa tengo yo de todo eso? Eso no tiene remedio.

MADRE: Sí lo tiene y yo lo tengo a la mano. Pero tú no lo ves. Sólo tienes entre los ojos la memoria rancia de la traición de tu padre.

MARIO: En este país a los hombres honestos se les marca como traidores. Hasta por su propia familia. ¡Este país es único! ¡Ciego, maldito y vacío! Gente de Isla pequeña, mezquinos, vividores...

MADRE: La honestidad también tiene su precio.

MARIO: Claro, y tú la diste muy barata.

MADRE: ¡Mario!

MARIO: Un castillo, justo en medio del Valle. Te causaré un lío legal tan grande que no habrá abogado en el planeta que te lo resuelva.

MADRE: Todo tiene remedio en esta vida. Todo tiene precio.

MARIO: Yo no.

MADRE: Sí, tú más que nadie. Te conozco. Te parí.

MARIO: Ni siquiera me conociste cuando llegué.

MADRE: Mi cuerpo se partió en dos para darte la vida y ahora mira qué cosas. Me odias tanto. *(Lo abraza.)* ¿Puede este odio ser posible cuando estos son mis ojos, estos mis labios, mi pelo, mi corazón, mi voz acunándote y tu sonrisa de angelito agradeciéndome la vida?

MARIO: ¡Sentimentalismos tenemos!

MADRE: Llámalo como quieras. Son ciertos. Y recuerdo tu infancia, tan llena de todo lo que querías. Niñito rico a quien nada faltó. Tu adolescencia, mi complicidad con tu capricho de ser poeta. Esconder los versos que tu padre criticaba sin piedad. Los tengo todos en mi cofre secreto, ¿quieres verlos? Tienen la mano temblorosa del adolescente confundido por los sueños. ¿De veras crees que tu padre te quería tanto? Tú me querías más a mí.

MARIO: Madre, ya.

MADRE: *(Emocionada.)* ¿Cómo sacarme del corazón tu sonrisa, tus pequeños orgullos de niño mimado, tu escondida ternura que sólo a mí me diste, y que luego con rabia me quitaste? *(Pausa.)* Lo más que te dolió fue la bofetada. Poner mi furiosa mano en tu cara como una maldición.

MARIO: He recibido muchas.

MADRE: Sólo una de mí.

MARIO: *(Susurra.)* ¡Sólo una, es cierto! *(Intenso.)* Pero una bofetada como un puñal que se carga toda la vida en el costado.*(Conmovido, la toma por los hombros casi como un abrazo. La sienta.)* Estabas sentada aquí, era un día como hoy, así, de tardecita. Yo estaba de pie junto a papá. Luis allá, al lado tuyo.

MADRE: La familia que tu padre dividió.

MARIO: ¿Qué familia de este país no lo está?

MADRE: *(Muy suave)* Fue su culpa, hijito.

MARIO: Y las palabras de papá... "Tengo que hacerlo, Victoria. Si no lo hago, no podré mirar a mis hijos a la cara jamás". ¿Lo recuerdas?

MADRE: Sí, hijito, sí.

MARIO: ¿Y qué contestaste tú?

MADRE: No recuerdo ahora.

MARIO: "Piensa en nuestro apellido, en nuestra posición."*(Pausa.)* El viejo se enfrentaba a todo su partido, a toda la inquina y el oprobio de seres que no valían un pelo de su cabeza, y tú le dijiste...

MADRE: ¿Qué querías? Había demasiadas cosas muy valiosas en juego. Piensa lo que hubiera sido para ustedes... ya tenías 20 años. Luis entraba a la Escuela de Derecho. ¡Sus profesores serían los mismos a quienes tu padre delataría!

MARIO: Todos terminarían en la cárcel.

MADRE: ¡Bien sabes que no fue así para ninguno! Pero para nosotros no sería lo mismo salir a la calle. No volveríamos a socializar en un mundo donde la traición política se paga con el desprecio.

MARIO: No sigas llamando traición a la honestidad.

MADRE: ¿Y qué le importaba a este país avaro la honestidad de tu padre? De un acto así sólo importa lo que deja detrás. Tu padre quiso vivir una honradez demasiado grande para él.

MARIO: Canceló tu participación en los círculos sociales del Gobierno. No más damas cívicas, cenas de cien el plato, no más templetes, proclamas, mujeres del partido, casinos, bailes, ¡no más mundo nuevo!

MADRE: Yo sólo pensaba en ustedes.

MARIO: Y para ello tenías que aceptar la corrupción, promoverla con tu silencio como un vicio tolerable.

MADRE: ¡Yo no tuve nada que ver con eso!

MARIO: Por ese nuevo mundo, traicionaste al hombre que te amaba.

MADRE: ¡Qué poco sabes!

MARIO: Por eso quieres vender el Valle. Es como una reivindicación. ¡Justo *su* Valle!, para dar la impresión de que él, desde el otro mundo, pide perdón a todos a quienes hizo mal. ¿De veras te importa el progreso de este pueblo? Supongamos por un momento que tu interés fuera real...

MADRE: ¡Es real! Al menos mil y pico de empleos directos y muchos más indirectos. Mira cómo han salido de la miseria otros pueblos más pequeños que éste.

MARIO: Los desempleados de este pueblucho pasan por mucho de los mil.

MADRE: Mario, ¿pero en qué mundo vives tú?

MARIO: Y él te dijo, "Victoria, si vendemos la tierra, vendemos la patria".

MADRE: Si vendemos la tierra terminará la miseria.

MARIO: ¡Mira quién lo dice! Porcelana francesa, cubiertos de plata...

MADRE: Gracias a mí viviste bien 20 años de tu vida.

MARIO: "Vivir bien". ¡Frasecita peligrosa, mamá!

MADRE: Se vive bien cuando nada falta.

MARIO: Pues eres una miserable.

MADRE: ¡Tengo todo lo que quiero!

MARIO: ¡Menos tu orgullo!

MADRE: ¡Eres igual a él!

MARIO: ¡Soy él!

MADRE: ¡Él está muerto!

MARIO: ¡La tierra no se vende, Victoria!

MADRE: ¡La tierra sí se vende!

MARIO: *(En un grito impotente.)* ¡Cristo!

MADRE: ¡Hay que venderla porque hemos sido demasiado vagos, indolentes y cobardes y no tenemos la mínima voluntad para ponerla a producir!

MARIO: Fue tu clase la que alimentó nuestra vagancia.

MADRE: ¡Un castillo, déjame reírme! Un prostíbulo, un casino... claro. Tu cinismo te delata. Eso es lo que en el fondo eres tú y toda tu generación. ¡Quimeras, basura!

MARIO: Claro, la tierra se vende cuando ya hemos vendido todo lo demás. Hasta el amor. *(Pausa.)* Lo dejaste sólo, Mamá. Lo miraste fijamente, y con ojos casi de viuda le dijiste "allá tú". Entonces te rogó.... un ruego a tu oído, ni Luis ni yo pudimos escucharlo bien, pero yo sabía lo que te decía. Que te quedaras quietecita junto a él cuando vinieran los periodistas. Quietecita, sin decir nada, pero allí, presente, a su lado. Tú cerraste los ojos y dijiste que no con la cabeza.

MADRE: ¿Por qué tenía que hacerlo?

MARIO: ¡Porque era la decisión más grande de toda su vida y te necesitaba, mamá!

MADRE: No me moví de su lado durante quince años para que él pudiera estar en paz consigo mismo.

MARIO: ¡No! Lo condenaste a la queja y al reproche. A sus espaldas tenías tratos con gente de tu clase. Pedías perdón en su nombre.Te excusabas por él.*(Pausa.)* Tuviste un amante, mamá. ¡Uno de sus propios enemigos! *(La Madre se levanta enfurecida. Mario susurra con fuerza.)* Y eso terminó por humillarlo más que cualquier derrota política. ¿No te diste cuenta de que te estaban usando para vengarse de él?

MADRE: Ya está bien de esto, Mario.

MARIO: Por eso me golpeaste. Fue allí, en el balcón. Y yo te dije "Madre mía, sé que te ves con un hombre. Te están usando para humillarlo, lo insultan en ti, se desquitan de él con tu cuerpo". *(La Madre levanta la mano para golpearlo, se contiene.)* Y el golpe seco, violento. Mi lágrima bajando despacio mientras tú te mordías de rabia... así, igualito que ahora. Pero ya no lloro, Mamá. Ahora lloras tú. *(Pausa.)* Porque la verdad es tan amarga cuando la dice alguien a quien se ama. Entonces supe que era el momento de abandonarlos.

MADRE: Pues date cuenta que este también es un buen momento para irte.

MARIO: Yo, joven, manchado de quimeras, tú, vieja, corrompida de ambición. ¿Qué hizo este pobre país para merecernos?

MADRE: *(Muy suave.)* Yo sólo quería ser feliz.

MARIO: No podías. Habías escogido ya.

MADRE: Me equivoqué al escoger a tu padre. ¿No te has equivocado tú? Te aseguro que es un privilegio.

MARIO: No disfruto mis errores.

MADRE: Yo sí. Aprendo mucho de ellos. Pero tú eres un joven encadenado al sueño de un viejo. En quince años el mundo cambia. Los valores cambian, nada permanece. Yo también cambié.

MARIO: Papá nunca cambió, por eso su ideal vive.

MADRE: Pero murió solo y triste, porque mientras el mundo daba vueltas él era el mismo. Tú sabes mejor que yo cómo envejecen también los ideales. Se repiten, se obstinan en ser siempre, eso... una imagen de algo que alguna vez fue hermoso. Y se muere uno de hambre y sed al pie de los muros que los protegían. ¡Muros, hijo! Los muros del odio que ahora andan cayéndose por todo el mundo, todavía están de pie en tu corazón. Yo no quería terminar así.

MARIO: ¿Y tanto cambio para qué, mamá? Si nunca fuiste feliz... ni con papá, ni con aquel otro, ni con nada.

MADRE: Pero ahora que puedes ayudarme, eres tú quien me devuelve la bofetada del honor.

MARIO: Entonces... tú no querías a papá.

MADRE: No. No es mi culpa que algunos matrimonios, sobre todo con un político, terminen siendo excelentes negocios. Pero sí estoy muy segura de que te quería entonces y te quiero mucho más ahora. *(Va a abrazarlo.)*

MARIO: *(Se suelta con inmensa rabia.)* Ya... Yo... no tengo más que decirte. *(Va a salir.)*

MADRE: En ese Valle hay progreso, hay futuro, hay bocas que comerán, hay trabajo y destino, ¡hay algo, Mario! Si tú me dijeras una sola cosa que ese orgullo tuyo pueda darles, te juro que yo detendría la venta ahora mismo. Dímela, una sola. Algo que pueda ser mejor que vivir bien, y dar de vivir a docenas de familias miserables.

MARIO: Dignidad, memoria; libertad, mamá. Pasado, orgullo, patria, honor.

MADRE: ¡Qué fácil me lo pones! Pon todas esas grandes palabras junto a un plato de comida y pon esos mil obreros desempleados a escoger. *(Pausa.)* ¿Qué me dices? Nada. Todas tus grandes palabras no pueden nada contra la naturaleza humana, hijo.

MARIO: Oportunismo barato. Ambición disfrazada de liberalismo. ¡Esta es tu época, Mamá! *(Casi escupiendo rabiosamente en su rostro)* ¡Gózala, disfrútala impunemente; tienes 70 años y todo tu dinero te da licencia para matar las más hermosas palabras!

MADRE: ¡Tus palabras no sirven, muchacho! Y menos en este país donde las palabras grandes son las monedas con las que se negocia el poder. Son mentiras que tú necesitas para justificar tu odio, tu cerrazón y tu venganza. Soy injusta, lo sé. Tal vez hasta soy simple. La ambición es siempre simple. Pero tú lo has sido más que yo. *(Pausa.)* Aprende esta breve lección de tu madre que conoce este país un poco mejor que tú: esas grandes palabras hoy son muy peligrosas. No las uses, si no estás dispuesto a morir por ellas.

MARIO: *(Pausa.)* Voy a construir un castillo en medio del Valle.

MADRE: Adelante, hijo querido. Que no te moje la lluvia.

(Mario sale. La Madre lo mira irse, abatida..)

VII

(Mario frente al sol poniente. Gina con ropa ejecutiva, entra con un maletín. Le acaricia por la espalda.)

GINA: ¿Pensando en grandes cosas?

MARIO: Pienso castillos. Uno, allí justo en medio de todo ese gran mundo. Necesitaré dinero y brazos. Se necesitan grandes males para los grandes remedios.

GINA: Y luego quien quiera vivirlo.

MARIO: Tú, si quieres.

GINA: Sí, y de noche me escabulliré de un rey a otro rey hasta que un buen día, hartos los dos de mí, me expulsen del reino como a una cualquiera.

MARIO: Yo no.

GINA: ¿Me llevarías contigo?

MARIO: Tú lo decides.

GINA: Quiero que me lo pidas.

MARIO: Me has dado ya muchas cosas que no te he pedido. Creo que hasta fastidiaste tu matrimonio por mi culpa. ¿Cómo puedo pagar eso? *(Enciende un cigarillo del que fuman ambos.)*

GINA: ¿De veras se fastidió? Sería una noticia genial. De todas maneras soy yo quien tengo que darte las gracias a ti. Me has dado una estupenda excusa para salir de este carnaval.

MARIO: ¿Y qué harás ahora?

GINA: No sé. Quisiera saber en qué terminará todo. Podría irme a un hotel, pero no sería justo. Cualquier locura mía precipitaría la llegada de Luis y eso no me interesa por ahora. *(Pausa.)* Que hagan lo que quieran. ¿Qué más pueden quitarme si todo se lo di? A Luis, a tu Madre... les di hasta mi libertad.

MARIO: No señales. Está en el balcón.

GINA: Oh, cierto. Nos mira con esos ojitos calientes de odio. Es tan torpe y cruel cuando está herida. *(Saca un documento del maletín.)* ¿Qué me importa que me mire? Toma.

MARIO: ¿Qué es esto?

GINA: De los archivos privados del Alcalde. Un informe de impacto ambiental. El original y el revisado.

MARIO: ¿Revisado?

GINA: Para que se pueda hacer la venta, bobito. Si los señalamientos no se corrigen la venta no se da. Recuerda que el Municipio está metido a la mitad con todas aquellas tierras.

MARIO: ¿Pero estos señalamientos... se corrigieron?

GINA: De eso no sé. Pero sé que costó mucho que dijeran que sí se habían corregido. Estúdialos. Si eres inteligente y listo sabrás hacer llegar esto a la prensa. Espero que ese orgullo del que te jactas no sea una mueca para impresionarme.

MARIO: Tendré que ir a la prensa.

GINA: Por supuesto. No esperarás que lo haga yo. *(Pausa.)* Esta noche saldremos. Llegaste hace días y aún no has salido a divertirte. ¿Qué vas a pensar de mi hospitalidad? Además te compré una camisa. Ya me harté de verte con esa. *(Se voltea y saluda sarcástica.)* ¡Victoria, querida!, ¿estabas ahí? ¿Cómo has pasado el día? *(Sale.)*

VIII

(Gina hace su examen de embarazo nuevamente. Tira los frascos con rabia. Madre aparece mirando y luego sale. Música. Luego al teléfono.)

MADRE: Si lo enviaste hoy, llegará mañana de seguro. Esos correos especiales son muy rápidos. ¿Y cómo los conseguiste? Adelántame algo... Bueno, está bien, te comprendo, pero me tienes muy nerviosa. Por favor llama todos los días. No sé, pero tiene unos papeles. "Alguien" le dio unos papeles relacionados a la venta y sé que intentará algo. *(Pasa Gina.)* ¿Quieres hablar con tu mujer? Espera, Gina, es Luis. *(Tapa la bocina.)* Quiere hablarte.

GINA: Dile que yo lo llamaré.

MADRE: No voy a decirle eso. Quiere hablarte ahora.

GINA: ¿Estás sorda? Dije que no. No tengo nada que hablar con él ahora. *(Silencio furioso entre ambas.)*

MADRE: *(Al teléfono, con premeditación.)* Luisito, hijo... Gina no te ha dado la buena noticia. Yo sé que es ella la que debe dártela pero yo estoy que no quepo de la alegría. ¡Gina me va a dar un nietecito! Vas a ser papá, hijo querido.

GINA: Idiota, ¿qué dices?

MADRE: Hoy ha ido al doctor y se lo han confirmado. ¡Por fin! Un niño en esta casa. ¿No te parece perfecto?

(Gina quiere tomar el teléfono. Duda, la Madre se lo ofrece, ella no se atreve.) Toma.

GINA: ¿Qué has hecho?

MADRE: *(A Luis.)* Está tan emocionada al oírme darte la noticia que las lágrimas no la dejan hablar. Le diré que te llame cuando se tranquilice. *(Le da el teléfono)* Insiste...

GINA: *(Lo toma.)* Luis... *(Llora de rabia.)* Yo.. no puedo hablar ahora... Luis, yo... te llamaré. Perdóname, es que... *(Le da el teléfono.)*

MADRE: *(Al teléfono.)* Está llorando, llorando de alegría. No, no te preocupes por nada, yo la cuidaré. Ya te dije, está muy nerviosa. Está bien, hijo. Esperaremos. Que Dios te bendiga y felicidades al nuevo papá. *(Cuelga.)*

GINA: Le mentiste.

MADRE: Tú sabes que no.

GINA: Lo ilusionaste.

MADRE: ¿No que tenías más deseos que yo?

GINA: Estás loca, Victoria.

MADRE: ¿Quieres que le cuente entonces de los documentos que te robaste, de los besos que Mario y tú se han dado en mi cara? Con tantas historias para escoger la del hijo me pareció la menos sucia de todas.

GINA: ¿Hasta cuándo vas a meterte en mi vida? ¿Hasta cuándo vas a decirme cómo comer, cómo fregar, cómo hacerle el amor a tu hijo?

MADRE: ¡Cuántos problemas tiene ahora la pobre Gina! Estoy segura de que cuando el alcalde sepa que fuiste tú quien le dio esos papeles a Mario, te despedirá sin pensarlo.

GINA: Son documentos públicos. Y si te complace, acabo de dejar mi renuncia encima de su escritorio.

MADRE: Además esa preñez. No tienes alternativa. ¿Pensabas pedirle el divorcio? Será difícil. No tienes excusa para romper un matrimonio que te da tanta seguridad.

GINA: Seguridad.¡Cuánto nos equivocamos las mujeres buscando la bondades de esa estúpida palabrita! Pues entiende que ya no me interesa la seguridad. Me harté. Otra vez quiero ser insegura, loca, libre y desordenada, como antes de conocer a Luis.

MADRE: Otra vez a las camas de los señoritos ricos.

GINA: ¡Qué justa me siento cuando no quiero a nadie!

MADRE: Bueno, pero sí querrás a tu hijo. Y será tan fácil quitártelo.

GINA: No tienes ovarios para eso.

MADRE: Tiéntame, mocosa. ¡Sólo tiéntame!

GINA: Pues no lo tendré.

MADRE: ¡No harás eso!

GINA: Eso sí puedo decidirlo.

MADRE: *(Pausa.)* Eres una mujer casada.

GINA: Casada pero no castrada.

MADRE: Sin el permiso de tu marido...

GINA: ¡Que me demande!

MADRE: Irás a la cárcel!

GINA: ¡Estoy en ella! *(Pausa.)* Siempre he estado en ella desde que llegué aquí. Y no voy a tirar la llave ahora. Búscate otra estúpida que le sirva de sirvienta a tu mocosito querido, porque ¡no habrá niño!

MADRE: *(Ante la posibilidad de que pueda hacer lo que dice.)* ¿Y todo este lío por qué? Mira dónde te lleva el odio. A seguir a un pordiosero que sólo vive de grandes palabras.

GINA: No sigo a nadie, Victoria. Me sigo a mí. Si en el camino a mí misma encontré a alguien, ¡estupendo! Ya no estaré tan sola.

MADRE: La culpa no los dejará vivir, los conozco a los dos.

GINA: No quiero discutir más. Me voy a un hotel.

MADRE: ¿Qué? *(Pausa.)* No hagas eso, por favor. La gente...

GINA: Ay, Victoria...

MADRE: Mira, hablemos esto un poco mejor, ¿quieres? Perdóname por haberle dicho a Luis lo del bebé... yo... ¿Por qué no me ayudas a que todo esto se aclare? Mira, yo no le diré a Luis nada de lo de Mario. Será nuestro secreto, ¿está bien? Tú podrás hacer lo que quieras, lo hablaremos, así que...

GINA: Ese tono me confirma que yo ya no soy yo. Ahora soy la mujer preñada de tu hijo. Tienes suerte Victoria, yo no tengo grandes palabras como Mario, ni grandes ambiciones de vida como tú. Soy muy simple porque siempre he querido ser yo.

MADRE: *(Furiosa.)* ¡Entonces nada te toca! ¡Nada tienes! Divorcio muy rápido. Entregas al niño y te desapareces con Mario a Africa, a la China, a donde les dé la gana; lo suficientemente lejos para que ni tu hijo tenga memoria de ti.

GINA: Sigue andando mi vida, Victoria. Sigue, vamos, otro plan, otra estrategia, otra humillación, vamos...

MADRE: Sé la puta borracha que enamoró a los dos hermanos para sacar lo mejor de ellos. ¡Sé la pobrecita loca que terminó dando lo único que tenía, su cuerpo miserable y feo que sólo sirvió para parir! *(Gina la mira fijo, luego esboza una hermosa sonrisa de triunfo. Sale.)*

(Música.)

IX

MADRE: *(Luz de magnesio.)* Hay cosas que lamento no haber tenido. Un nieto, por ejemplo. Pero siento que todos los niños de este Valle serán mis nietos. Dios sabe lo que tiene que darnos a cada uno. A cada uno según sus obras. Quien no tiene obras, nada recibe. Quien siembra vientos cosecha tempestades. Bienaventurados los humildes, porque ellos serán... "los panfletistas de Dios".... *(Otra.)*

(Música. Tarde en la noche. Llegan de bailar. Se sientan juntos en algún lugar afuera.)

GINA: Te queda muy bien esa camisa. Es el estilo de Luis.

MARIO: ¿Es un elogio eso?

GINA: *(Se quita los zapatos y fuma.)* Tu hermano es un pobre hombre sin decisión. Es uno de esos abogados que dominará el futuro diciendo sí con la cabeza. ¿Por qué son tan diferentes?

MARIO: No puedo remediar eso. Es difícil ser decidido en un mundo donde todo vale. *(Comparte el cigarrillo.)* Bailas muy bien, chiquita.

GINA: Hay cosas que no se olvidan.

MARIO: Tu cuerpo brillaba con las luces.

GINA Y tu mirada era un relámpago. *(Pausa.)*

MARIO: ¿Sabes cuál es el problema de las grandes decisiones?

GINA: No.

MARIO: La culpa.

GINA: Me lo imaginaba. Pero esta noche para mí, esa pasó de largo.

MARIO: Para mí no. Mientras te miraba bailar me sentía culpable por algo que no podía... organizar en mi cabeza.

GINA: Si es por Luis pierdes el tiempo. Tan pronto se entere de que estoy de tu lado, se quejará a su mamita y luego buscará otra más tonta, allá en el casino.

MARIO: Mañana confrontaré a Mamá con los papeles y no sé si con eso...

GINA: Detendrá la venta, te lo aseguro. Tiene pavor a los escándalos.

MARIO: ...si con eso termine yo también.

GINA: ¿Tienes miedo?

MARIO: ¿Miedo? No. Y tú... ¿qué sientes cuando tomas grandes decisiones?

GINA: ¿Yo? Pues... me siento como una niña. Lo hago sin que me importe. Me lanzo al vacío, como en una chorrera. Tal vez eso sea lo más sensato de vivir: la inocencia y el arrojo. *(Se levanta.)* Tienes mucha culpa en los ojos, ¿qué te pasa?

MARIO: Un presentimiento.

GINA: ¿Se apareció tu papá de nuevo? Ese fantasma que te daba valor ahora te acobarda. Una vez ví una película así, el padre muerto se aparecía y el pobre tipo se moría de culpa.

MARIO: Hablas de "Hamlet".

GINA: Sí. Esa. "Hamlet".

MARIO: Pero no se moría de culpa, sino de indecisión. Se piensa en demasiadas consecuencias.

GINA: En las telenovelas, en el capítulo final, mientras todos lloran de alegría, los amantes se besan sobre los cientos de muertos que ese "tórrido romance" dejó atrás. Piensa que esto es lo mismo y no habrá dudas.

MARIO: No sé, chiquita. Estamos en el fin del siglo, cobramos por ser idealistas. Algo tengo que sacar yo de todo esto.

GINA: En este asunto tú lo ganas todo.

MARIO: No estoy tan seguro. Hay cosas de mí que no sabes que pueden, así como un relámpago, acabarlo todo.

GINA: Hay cosas de mí que tú no sabes.

MARIO: A ti se te puede amar sin conocerte.

GINA: No, no me ames. Te entenderé mejor si no lo haces.

MARIO: Nunca dije que lo haría.

GINA: A veces pasa que la gente que más he amado, es la que menos me entiende.

MARIO: ¿Qué tendría que entender de ti?

GINA: Que estoy embarazada de tu hermano, por ejemplo.

MARIO: Ay, chiquita, sí que eres idiota. *(Pausa.)*

GINA: Cosas que no pueden evitarse y un buen día te pegan al presente, te hacen vieja en un segundo. Podrás bailar, emborracharte, pasar la mejor noche que puedas con un hombre maravilloso... pero al otro día estás vieja otra vez, eres la esposa de un abogado barrigón y tienes una suegra que más valdría tenerla embalsamada.

MARIO: Tienes mucho que perder.

GINA: Sí y no. Aquí lo importante es que no pierdas tú.

MARIO: Qué pasaría si yo.. bueno. Si no tuviese la fuerza para lo que estoy haciendo. Quiero decir, la fuerza moral. La autoridad...

GINA: La tienes, eres hijo del dueño. ¿Qué más necesitas?

MARIO: Eso no basta. Ella no tiene una causa, pero tiene el poder... yo tengo una causa y no tengo con qué sostenerla. En el fondo soy un hipócrita.

GINA: Ella también lo es. Se muere por esos miles que van a pagarle. Dijo que viajaría por todo el mundo.

MARIO: Un cobarde que se esconde detrás de palabras grandes.

GINA: Ella es una bravucona que mataría hasta a su hijo sólo por el gusto de haber tenido la razón.

MARIO: Este Valle ya no tiene remedio. Los que podían vivir o morir por él, han desaparecido ya. Sólo quedamos los hipócritas. Ella y yo.

GINA: Es tarde para arrepentirte ¿Qué te pasa? Mírame. Estamos decididos ¿no? Lo vas a hacer. Cueste lo que te cueste.

MARIO: Puede costarme la vida. No estoy preparado para eso.

GINA: ¿Cómo la vida? ¿De qué hablas?

MARIO: *(Súbitamente enfurecido.)* ¡La vida, imbécil! Lo único que tengo, lo único que cargo de valor. Estas ganas inmensas de seguir respirando, viendo amaneceres que por años no ví, seguir sintiendo una piel tersa, suave, un beso pequeño, deleitoso y sutil... esa seguridad de que no importa nuestra cobardía, siempre vencerá el bien al final. Eso es la vida, Gina, y ahora no sé si quiero perderla.

GINA: Entonces es verdad que eres un hipócrita. Un payaso, como tantos.

MARIO: Puede ser.

GINA: ¡Decide!

MARIO: ¿Y si no quiero?

GINA: ¡Decide ahora o no me verás más!

MARIO: *(Pausa.)* El circo debe continuar. El númerito de los cobardes es el más divertido. ¿Estarás mañana conmigo?

GINA: Estaré cuando tú me necesites. *(Suave.)* Quisiera que me necesitaras ahora.

MARIO: Te necesito. No tengo a nadie. Sólo tengo un fantasma que me persigue.

GINA: Ven... *(Lo toma de la mano para salir.)* Mañana habrá muchos muertos, demasiados, en tu conciencia y en la mía. Yo, por ejemplo... tengo que matar a un niño. ¿A quién tienes que matar tú?

MARIO: Gina, no...

GINA: Shhh. Es mi asunto. ¿Por qué mejor no dejamos que la culpa pase de largo esta noche? *(Mario asiente.)* Ven... *(Salen .)*

(Luz de magnesio.) ¿Mi papel en este problema? Ninguno. Yo fui, pero ya no soy de la familia. Estoy aquí por razones personales que no tienen que ver con lo que ustedes investigan. Yo sólo sé que Mario dijo que había visto el fantasma de su padre, y yo le creí. De algún lado tiene que haberle salido tanta decisión, ¿no les parece? ¿Mi novio? ¡Por Dios, qué palabrita tan antigua! No. Él tiene una "novia" africana. *(Otra.)*

X

(Al otro día. La Madre recibe el paquete de correo rápido. Lo abre: fotos y documentos.
Penumbra con música.

Entra Mario y luego luz.)

MADRE: ¡¿Quién?!

MARIO: ¡No tienes que gritarme! Tú sabes muy bien quién me los dio.

MADRE: Claro, es su oficio ser liviana, lo lleva en la sangre.

GINA: Vamos Victoria, si soy tu vivo retrato.

MADRE: Eres una cualquiera, barata y sucia como las peores.

MARIO: Detén la venta ahora. Llama a Luis, dile que evite un escándalo que puede arruinar su profesión.

MADRE: Él no tuvo nada que ver. Fue mi decisión. ¿Por qué no le enseñas esos papelitos al alcalde?

MARIO: En tus manos está que él también pueda salvarse de la cárcel. Sólo te cuesta levantar el teléfono. Llámalo, es en serio, mamá. Si él detiene todo, yo no haré nada con esto. Será justo para todos.

MADRE: Para vivos y muertos.

MARIO: Sobre todo para los muertos.

MADRE: Yo creía que los chantajes de los hijos siempre tenían en el fondo algo de cariño compartido. Pero a tí mi rencor te hizo olvidar quién era en verdad tu madre. Recriminé sí, una se resiente cuando la vida se vuelve insegura y amenazante. ¿Ya te dijo que está embarazada de tu hermano?

GINA: Sí, ya se lo dije.

MADRE: ¿Y bueno?

MARIO: Madre, no me distraigas.

MADRE: Decidido... como tú dijiste, como una flecha al blanco. Se ve que ni tú le importas.

GINA: Me importo yo.

MADRE: ¿Qué pasa si me niego a llamar a Luis?

MARIO: Iré a los periódicos. Al Departamento de Justicia. Hoy mismo, no esperaré más.

MADRE: Eres mártir. ¿Tanto harías por tu padre que te perderías con tal de salvar su polvoriento discursito de la tierra? No me has dicho qué sacarás tú de todo esto. Tus amenazas son como un suicidio, ¿lo sabes?

MARIO: Puede ser.

MADRE: ¿Y merece la pena?

MARIO: Madre...

MADRE: *(Fuerte.)* ¿Merece la pena que te pierdas -otra vez- por esto?

MARIO: ¡No sé si la merece pero lo estoy haciendo!

MADRE: Romántico, estúpido romántico.

GINA: ¿Qué está diciendo?

MADRE: ¿Y darás tu nombre? Anda Gina, pregúntale si dará su nombre a los periodistas.

GINA: No entiendo nada, deja las intrigas.

MADRE: Me llevas otra vez al borde de mi amor por tí. ¿Crees que otra bofetada podría evitar lo peor entre tú y yo?

MARIO: Aprendí con papá a no temerle a tu odio.

GINA: Obedécelo, Victoria. Ya no hay nada que puedas hacer. Llama a Luis ahora.

MADRE: Nada te conmueve. Ni siquiera la historia de hambre que hay tras este bendito pueblo que te vio nacer.

MARIO: No me verá morir de servilismo.

GINA: Vamos, Victoria. No resistirías el escándalo otra vez.

MADRE: Dime Mario, ¿con qué cara mirarás a todas esas gentes cuando comiences a hacer tu castillo en medio del Valle?

MARIO: Con la cara de papá.

MADRE: Ellos no la recuerdan ya. Hace poco que murió y ya se han olvidado. Así es el país. Una memoria tan pequeña que avergüenza.

MARIO: Por eso siempre repetimos los mismos errores.

MADRE: ¿Nunca me has creído que hago todo esto por mi gente?

MARIO: Tú nunca fuiste parte de esa "gente". Tu aristocracia mancha tu sinceridad.

GINA: Ya, Victoria. Llama a Luis.

MADRE: Pues debiste haberme creído porque es cierto. *(Pausa.)* Voy a cumplir 70 años, muchacho. ¿Qué diablos me importa a mí la aristocracia? ¿Es que no puedo tener por estos miserables alguna pizca de bondad?

MARIO: ¿Para qué? ¿Para dar de comer a tu hipocresía?

MADRE: Una bondad pequeñita, mezquina, una bondad bastante interesada pero bondad al fin... el Valle de tu padre para una empresa que me pagará cientos de miles por una tierra que para nada sirve.

MARIO: ¡Que la trabajen!

MADRE: ¡Mi tierra es la única que tienen y es pura piedra! Mírame, Mario. ¡Bondad! Algo que tú jamás tuviste. Algo que no eres capaz de dar, porque si al menos hubieras sido bondadoso con tu padre, ¡te hubieras quedado a su lado como un hijo de principios! ¿Pero qué principios tiene el cobarde que huye de su tierra?

MARIO: Madre, que pierdo la paciencia.

MADRE: Pero hoy, ¡qué extraño! Algo grande estás dispuesto a perder. Y no sé por qué. ¿Por qué, Mario?

MARIO: Si no llamas a Luis, saldré por esa puerta y te juro que no respondo de mí.

GINA: *(Le da el teléfono.)* Acabemos ya. Toma.

MADRE: ¿Sabes lo que reivindica el trabajo? ¿Qué sabes? Si nunca lo has tenido. Eres la palabra grande que hace llorar y redime a los débiles, pero que en el fondo nada deja sino desgracia y sangre. ¡Tú eres el gran sueño de libertad por el que ya nadie quiere dar ni una esperanza!

MARIO: ¡Madre, no seas injusta!

MADRE: ¡Justicia! Otra palabra grande. ¡Qué desperdicio de hombre! ¡Eres tan hipócrita que me da vergüenza que seas tan joven! *(Pausa. Camina un poco.)* ¿Sabes dónde queda un lugar llamado Carabanchel? *(Madre busca su sobre y lo abre sobre la mesa, las fotos y los documentos se esparcen. Gina las mira. Mario se sienta, abatido.)* Es una prisión muy grande al sur de Madrid. Justicia... como la que trató de hacerse con un infeliz marroquí al que mataste en una barra de mala muerte en Madrid hace siete años. Tu hermano lo consiguió todo con la policía de Estados Unidos. No he tenido tiempo de leerlo. Pero lo que he visto me asombra de tí. Tanta pasión por una pelea estúpida. Te jugaste la vida en una cuestión ¿de qué? Sí... *(Toma un papel.)* De drogas. Aquí dice que usabas drogas entonces.

GINA: ¿Qué es esto?

MARIO: *(Muy tenue.)* ¿Por qué me haces esto?

MADRE: Tal vez si hubiese sido algo político yo lo respetaría aunque no estuviese de acuerdo. *(Pausa.)* Pero a los más idealistas siempre los vence una tentación pueril. Igual que tu padre. Padre e hijo, comprados por las grandes palabras.

MARIO: *(Inaudible.)* Pateaba a una saharaui.

MADRE: ¿Qué dices?

MARIO: Ese marroquí... estaba pateando a una prostituta saharaui. ¿Sabes lo que es un saharaui, mamá? ¡Qué vas a saber! Pues es un país invadido, colonizado, ultrajado... igual de jodido que este al norte de África. ¿Pero a ti qué te importa África?

GINA: Bueno, pero ya esto pasó, ¿verdad? Estás libre ahora. *(Mario la mira y sale al balcón.)*

MADRE: No, no está libre. Con la ayuda de una prostituta negra *(Lee del papel.)* –"saharaui" según dice aquí– pudo escapar de la prisión y salió de España hace dos años más o menos. Hay órdenes de detención desde Madrid a la China. Es un milagro que no hayan venido aquí. Pero supongo que nunca nos mencionaste. Fue mejor.

GINA: Mario...

MADRE: ¿Qué dices ahora?

GINA: *(A él, abrazándolo.)* Saldremos bien de esta, no te preocupes. Tengo amigos, buscaremos ayuda.

MARIO: No entiendo tanto odio, mamá. Te juro que no lo entiendo. Después de todo, tenemos la misma sangre, y vivimos en el mismo Valle, ¿no te das cuenta?

MADRE: No. Eso no consuela nuestras ambiciones. *(Pausa.)* Esos papeles que tú tienes ahí son un buen lío, es cierto. Pero no uno tan grande que un buen abogado como tu hermano no pueda resolver. Pero ahorrémosle ese trabajo a Luisito. Si viene la policía, diremos que no te hemos visto. Podemos incluso decir que has muerto, ¿verdad, Gina? Que un buen día recibimos una nota de un campesino "saharaui" que te encontró moribundo en una cuneta. Es posible que esos campesinos estén más agradecidos de ti que los de tu propio país. Algo nos inventaremos. Algo romántico, una sobredosis, algo así... algo digno de tus hermosas cualidades de escritor. *(Pausa. Ha sido demasiado dura.)* Discúlpame. Este reencuentro entre lo que tú y yo somos de verdad, no ha sido para nada generoso. ¿Qué le vamos a hacer? Anda, dame esos papeles, hijo querido. Déjame hacer algo por tí. *(Mario está detenido entre su Madre y Gina, con los papeles temblando en su mano.)* Dámelos, hijo del alma... *(Las mira, toma una bocanda de aire y se decide. Extiende los papeles y los pone en las manos de Gina.)*

MARIO: Haz tu parte. *(Sale. Gina mira los papeles con asombro.)*

MADRE: ¡Eres un cobarde! ¡Quédate y enfrenta la verdad! ¡Cobarde! Regresa aquí, no huyas de nuevo...

(Conmovida y confundida) Hijo... regresa. No te haré más daño. Te lo juro... hijo mío. *(Derrumbada.)*

(Gina, mira hacia fuera, mira luego a la Madre con profundo desprecio, e inicia mutis.)

MADRE: ¿A dónde vas?

GINA: ¿No escuchaste? Tengo que hacer mi parte.

Música.

XI

Madre ante el público.

Mario ídem, con las manos cubiertas por un abrigo. Gina a su lado.

MADRE: *(Luz de magnesio.)* Es más que un honor, es un privilegio para mí y para el alcalde de este bendito pueblo...

MARIO: *(Casi sobre la voz de ella. Luz de magnesio.)* El Gobierno vuelve a equivocarse. La voz de mi padre resuena muy alto en mi conciencia. "La tierra no se vende".

MADRE: ...colocar la primera piedra de esta gran fábrica que hace realidad mi gran sueño de ver tantas familias felices...

MARIO: Aunque haya míseras promesas de trabajo y hambre consolada. No. La tierra no se vende. ¡Porque si la compran, nos compran también a todos! ¡La Tierra nunca se vende! ¡Nunca!*(Luz de magnesio.)*

MADRE: Gracias a esta maravillosa empresa. ¡Gracias a todos!*(Luz de magnesio. Música.)*

MARIO: *(Otra luz y otra. Caminan juntos un poco.)* Gina, tengo frío.

GINA: *(Lo mira. Luego saca despacio el abrigo de encima de sus manos, descubriendo unas brillantes esposas que atan sus muñecas. Gina lo cobija con gran cariño.)*¿Así?

MARIO: Sí, así está bien. Gracias, chiquita. Gracias. *(Muchas luces de magnesio tras él y con ellas sube la Música.)*

Madrid.-San Juan.
Diciembre 1993-Diciembre 1994